56331075R00069

Made in the USA
San Bernardino, CA
10 November 2017